FUSSBALL

FUSSBALL

Ein Wörterbuch für Fans, Fußballer,
Trainer, deren Angehörige, sowie die
Millionen Fernsehsessel-Sportler
von Michael Funcke

TOMUS VERLAG · MÜNCHEN

CCC: Erich Paulmichl; Jules Stauber; Erik Liebermann; Volker Lange;
Peter Kaste; Oswald Huber; Karl-Heinz Brecheis.
ALI: André; Favre; CH. Hin; Mitropoulos; Cattoni. Meyerpress: René Hovivian; Baker.
Umschlagbild: Balthasar Lippisch
Cosmopress: Maese; Sajdik; Amigo

Printed in Italy

ISBN 3-8231-0107-2

Zielfoto

Abpfiff
„Ich geh' jetzt mal rüber und schau nach, warum Müller seit einer halben Stunde denselben Brief liest.“

A

Abendblatt

Je nach Niveau der entsprechenden Zeitung wird über Fußball und seine Akteure berichtet. Während die eine Tageszeitung, die mit dem gehobenen Niveau, über das Spiel, seine Feinheiten und Schwächen berichtet, beschreibt die andere mehr das Privat- und Liebesleben der berühmten Akteure. Der wahre Fußballnarr liest beides, – nur so weiß er, ob der Torschützenkönig auf dem Spielfeld auch daheim der Torschützenkönig ist. Man fragt sich dabei immer, wie die Reporter eigentlich herauskriegen, was sich im Privatleben so alles abspielt.

Abpfiff

Beendigung eines Fußballspieles durch den Schiedsrichter, weil der entweder keine Lust mehr hat oder mehr als elf Spieler einer Mannschaft vom Platz gestellt hat, oder weil eines der beiden Tore voll ist.

Abseits

Situation, aus welcher heraus die Tore fallen. Grundsätzlich war jeder Spieler dann abseits, wenn er bei einem Angriff ein Tor erzielen konnte. Lediglich beim Elfmeter gibt es bisher keine Abseitsregel, ein Zustand, welchen abzuschaffen die FIFA seit langem immer wieder durch die heimischen Zuschauer aufgefordert wird.
Da besonders neutrale Schiedsrichter dazu neigen, das „Abseits“ immer wieder zu übersehen, sollte dieses Problem dadurch beseitigt werden, daß nur noch einheimische Schiedsrichter eingeteilt werden. Die Fans aus der Nordkurve werden es der FIFA danken.

Abseitsfalle

Maßnahme des Publikums, um den Schiedsrichter zu verwirren: Sobald sich ein gegnerischer Spieler mit Ball auf mehr als dreißig Meter dem eigenen Tor nähert, brüllen sämtliche

Zuschauer im Chor und mit voller Lautstärke „abseits". Neunzig Prozent der Schiedsrichter reagieren darauf mit einem entsprechenden Pfiff, und die Gefahr für die eigene Mannschaft ist wieder einmal gebannt.

Abtritt

Sie meinen vermutlich den Abstoß. Beim Fußball wird nicht getreten (höchstens der Gegner), beim Fußball wird nämlich gestoßen – der Ball mit dem Fuß und dem Kopf, der Gegner mit Fuß, Kopf, Arm und Faust. Dabei kommt es darauf an, die Stöße, welche dem Gegenspieler versetzt werden, so auszuteilen, daß der Schiedsrichter es nicht sieht. Hört der Spieler, der den Gegner geschlagen hat, einen Pfiff, so hat er sich sofort auf den Boden zu werfen, laut zu schreien und alle Anzeichen einer schwersten Verletzung zu simulieren. Gelingt es so nicht, den Schiedsrichter davon zu überzeugen, daß er kein Foul begangen hat, dann bleibt er zumindest so lange unbeweglich liegen, bis er von den Masseuren versorgt worden ist, und er verschafft damit seiner Mannschaft eine kurze Ruhepause.

Abwehr

Jede Bundesligamannschaft unterhält ein Team von Abwehrspezialisten, meist ausgediente Beamte vom MAD oder BND, welche vor wichtigen Spielen die Gegner ausspionieren. Der Chef der deutschen Fußballabwehr (FAW) ist Berti Vogts, weil er sich schön leicht in der Menge verliert.

Alm

„Auf der Alm, da gibts koa Sünd" – dieser uralte Spruch gilt nicht für die „Bielefelder Alm", wie die Fußballmannschaft von Arminia zu ihrem Leidwesen erfahren mußte, fand doch auf ihr der berühmteste Bestechungsskandal der Bundesliga statt.

Amateur

Jemand, der gerne Fußball spielt, also eine unnatürliche Abart eines normalen Menschen. (Der normale Mensch sieht gerne im Fernsehen beim Fußball zu). Ein Mittelding zwi-

Abwehr

schen einem abartigen und einem normalen Menschen sind die Zuschauer, die sich ein Spiel im Stadion ansehen.

Amateurmannschaft Man unterscheidet reine Amateurmannschaften von den sogenannten Amateurmannschaften. Bei der reinen Amateurmannschaft erhält der Verein sämtliche Werbeeinnahmen, um sie anschließend unter den Spielern als Förderungsmittel zu verteilen (Achtung: Sind steuerlich absetzbar!!), bei den sogenannten Amateurmannschaften erhält der Manager des Spielers die Werbeeinnahmen, um sie anschließend unter den Spielern des Vereins zu verteilen (Achtung: Sind steuerlich nicht absetzbar!!). In den Ostblockländern gibt es dagegen nur ganz reine Amateurmannschaften – hier erhalten die Spieler überhaupt kein Geld.

Anpfiff Kurzform eines Anschisses, so des Spielers durch den Schiedsrichter, des Ehemannes durch die Ehefrau oder des Azubis durch den leitenden Mitarbeiter.

Ans-Netz-Gehen Aggressive Angriffstaktik beim Ballspiel; führt beim Tennis zum Lob und beim Fußball zur roten Karte.

Aufstieg Angestrebtes Ziel aller Fußballvereine; geht meist gleitend in den Abstieg über, da beim Aufstiegskampf soviel Energie verbraucht wurde, daß für den Klassenerhalt nichts übrigblieb.

Außenverteidiger Seitdem die Fans immer aggressiver werden und dazu neigen, immer öfter während des Spiels den Platz zu stürmen, grenzt man das Spielfeld nach außen durch einen hohen Eisenzaun ab. Gleichzeitig wurde der Posten der Außenverteidiger erfunden; es handelt sich dabei um zwei Spieler, die nicht etwa mit um den Ball kämpfen, sondern ausschließlich darauf zu achten haben, daß keine Zuschauer auf das Spielfeld dringen. Im gegebenen Fall befördern sie solche Eindringlinge mit

Amateurmannschaft, reine

Auswärtsspiel
„Es gehört einfach zum guten Ton, den Gastverein gewinnen zu lassen!“

einem kräftigen Abschlag über das Gitter zurück auf die Zuschauertribüne.

Ausverkauft

In Deutschland gibt es drei Gründe, warum ein Fußballstadion ausverkauft ist:
1. Bayern spielt gegen den HSV.
2. Der HSV spielt gegen Bayern.
3. Bayern und der HSV treffen in der entscheidenden Begegnung um den Meistertitel aufeinander.

Auswärtsspiel

Bisher wird die Hälfte aller Fußballspiele auswärts ausgetragen, was eine Benachteiligung der auswärtigen Vereine bedeutet. Der DFB erwägt im Augenblick, aus Gerechtigkeitsgründen die Auswärtsspiele ganz abzuschaffen.
Übrigens: Auswärtsspiele in der Ehe gehen genau so oft daneben wie beim Fußball!

B

Ballgefühl

1. Die Kunst, auf dem Fußballfeld mit dem Fuß den Ball so zu treten, daß er sich nicht durch sinnloses Davonlaufen wehrt, sondern brav in sein Körbchen respektive ins Tor rollt. Viel Ballgefühl erzeugt viele Tore.
2. Die Kunst des Kickers, nach dem Match bei der Siegesfeier mit seiner Freundin so geschickt umzugehen, daß sich gegenseitige Gefühle heftig regen. Viel Ballgefühl erzeugt viele Gefühle.

Beckenbauer

Der unbestrittene König des deutschen Fußballs. Beckenbauer gelingt alles, und er leidet lediglich unter einem ganz kleinen Komplex: Er hätte gerne das Fußballspiel erfunden, nur leider gab es diesen Sport schon vor seiner Zeit. (Einem unbestätigten Gerücht zufolge soll er sich deswegen einer psychotherapeutischen Behandlung unterzogen haben, welche auch schon erste Erfolge zeigen soll).

Bestechung

Gibt es beim Fußball nicht, höchstens kleine Geschenke. (Oder würden Sie hunderttausend Mark in kleinen gebrauchten Scheinen, in einem unauffälligen Plastikkoffer überreicht, ablehnen? Wirklich, denken Sie noch mal darüber nach – und über Ihre Hypothek! – Na also!)

Boninsegna-Taktik

Heute gängigste Methode, bei drohendem Verlust eines entscheidenden Spieles eine Wiederholung zu erzwingen: Droht die Partie in die Binsen zu gehen, dann zieht ein Fan des A-Teams die Insignien des B-Teams an, wirft einem Spieler der eigenen Mannschaft eine Cola-Flasche oder ähnliches an den Kopf, dieser läßt sich fallen und vom Platz tragen, und der Verein beantragt eine Wiederholung. Da das Treffen eines laufenden Spielers oft zu schwierig wird, nimmt der zu treffende Spieler meist die Flasche schon in der Halbzeitpause mit auf das Spielfeld, schlägt sie sich unauffällig auf den Kopf und sinkt mit einem Urschrei zu Boden; ein wenig Schweineblut, in einer Luftballonhülle mitgebracht und im rechten Moment aufs Gesicht verteilt, unterstützt die Wirkung der Maßnahme ungeheuer. Nicht umsonst sind die italienischen Fußballer weltweit auch als hervorragende Schauspieler anerkannt.

Bundesliga

Der Hochadel der deutschen Sportler. Bundesligaspieler sind bekannter als Bundesminister, Bundeskanzler und Bundespräsidenten, verdienen mehr, tauchen öfter in den Schlagzeilen der Zeitungen auf, werden als Autogramme höher gehandelt, und ihre Bestechungsaffären verlaufen unauffälliger.

Boninsegna-Taktik

„Alte Flaschen, alte Flaschen!“

Deckung

„Ich fürchte, der Schiedsrichter ist bestochen worden!“

C

Crack

Geräusch, welches entsteht, wenn sich bei einem Spitzensportler der Unterschenkelknochen in zwei Teile auflöst.

„Cup Jules Rimez"

Einen Pokal zu gewinnen, das ist schön, daran zweifelt kein Mensch. Noch niemals aber ist ein Mensch auf die Idee gekommen, einen gewonnenen Pokal als schön zu bezeichnen. Von der Weltmeisterschaft über die verschiedenen Europa-Cups bis hin zu den nationalen Meisterschaften findet sich eine Ansammlung derart abgrundtiefer Häßlichkeit an Preisen, daß der Gewinner eigentlich nur vor Kälte zitternd die jeweilige Siegerehrung verlassen kann. Das gilt natürlich auch für den Cup, den der mit Recht so verstorbene Jules Rimez für den jeweiligen Gewinner der Weltmeisterschaft gestiftet hat. Zum Glück - dachten wir alle – blieb diese häßliche Vase eines Tages für immer in Argentinien. Was aber nachkam – nun, das war auch nicht besser. Sie fragen, wie so ein Cup aussieht? Nun, wie die Arbeit eines gestreßten Juweliers, der soeben wegen absoluter geistiger Umnachtung des Landes verwiesen wurde.

D

Deckung

Wichtige Maßnahme, um Tore zu verhindern. Während in früheren Jahren die Manndeckung üblich war, trat in den letzten Jahren an ihre Stelle die Raumdeckung; sie ist schlichtweg eine Fortentwicklung der Fußballtechnik

Demokratie	Existiert auf dem Fußballplatz nicht; dort herrscht strengste Diktatur in folgender Reihenfolge von Leuten, die das Sagen haben: 1. Der Sponsor 2. Der Schiedsrichter 3. Der Clubpräsident 4. Der Trainer 5. Der Mannschaftskapitän 6. Die Ehrengäste Zahlende Zuschauer und einfache Spieler sind vom Mitspracherecht grundsätzlich ausgeschlossen.
Direktübertragung	Wenn der Torwart beim Abschlag direkt ins gegnerische Tor trifft.
Doppelpaß	Wichtiges Dokument für Fußballer, welche aus steuerlichen Gründen einen Zweitwohnsitz auf den Azoren (Achtung!! Nicht Amazonen!) haben.
Dress	Fachausdruck für die hübschen bunten Hemdchen der Fußballspieler; sie sollen dazu beitragen, daß sie sich während des Matches besser unterscheiden können. Dies erscheint im Prinzip sinnvoll, nur frage ich mich, woher dann die vielen Fehlpässe kommen! Die Spieler wegen der Aufdrucke auf den Dressen als „laufende Litfaß-Säulen“ zu bezeichnen, kann nur von sehr boshaften Zeitgenossen stammen.
Dressman	Männliches Model (sprich „Moddl“!), welches dem Vereinssponsor den neuen Dress mit der neuen Werbeaufschrift für das neue Weltprodukt vorführt.
Duschkabine	Bevorzugter Ort der Fernsehreporter, erste Interviews mit dem gerade gekürten Sieger zu filmen. Auch die Fernsehanstalten haben gemerkt, daß gerade die Verbindung von Sport

Direktübertragung

und Sex die höchsten Einschaltquoten erreicht. Die gerade eben noch haltenden, fast abrutschenden Handtücher, um die Hüfte geschlungen, haben einen wesentlichen Beitrag zur Emanzipation geleistet.

E

Ecke

„Der Ball ist rund", so hat einst Sepp Herberger eine unsterbliche Weisheit formuliert. Das war allerdings vor Erfindung der Ecke.
Regel 18 der FIFA lautet: „Überschreitet der Ball die Torauslinie, so haben grundsätzlich alle Spieler der verteidigenden Mannschaft so laut wie möglich „Abstoß" zu schreien, die Spieler der angreifenden Mannschaft aber „Ecke". Über den tatsächlichen Fortgang des Spieles entscheidet der Schiedsrichter je nach Spielstand und nach Aussehen des Mannschaftskapitäns.

Eintracht

Im Osten wie im Westen ist es üblich, Fußballvereine nach den Dingen zu benennen, an denen es am meisten fehlt; so heißen die ostdeutschen Vereine meist „Lokomotive" oder „Dynamo" oder „Antrieb", die in Westdeutschland dagegen „Eintracht" oder „Wacker". Verfolgt man das Verhalten der Spieler, so erscheint der Name „Zwietracht" oder „Müde" viel angebrachter.

Einwurf

Wenn der Spieler den Schiedsrichter auf eine Fehlentscheidung aufmerksam macht. Die meisten Schiedsrichter reagieren auf einen Einwurf mit einem Rauswurf.

Elfer

Mitglied des Elferrates (siehe „Mainz, wie es singt und lacht"!).

Einwurf

Familienleben

„Paps verpaßt nie ein Spiel!“

Endspiel

Da bei Endspielen die Straßen wie leergefegt sind, machte der ADAC kürzlich den interessanten Vorschlag, solche Fernsehhits auf die Tage zu verlegen, an denen mit Stoßverkehr und Stauungen zu rechnen ist, wie zum Beispiel auf den Ferienanfang in Nordrhein-Westfalen oder den Freitag vor Pfingsten von 14–20 Uhr.

F

Fallrückzieher

Wenn der Bräutigam vor den Toren des Standesamtes und vor den Augen der Braut auf die Knie fällt und darum bittet, vorzeitig in die Freiheit entlassen zu werden.

Familienleben

Das Familienleben der Fußballer ist genau so gestört wie das der Fußballfans. Während jedoch die Ehefrau des Fußballfans hier leicht heilend eingreifen kann, zum Beispiel durch geschicktes Manipulieren am Fernseher, tut sich der Fußballtrainer sehr viel schwerer; er kämpft nämlich gegen die Natur, die Fanfrau nur gegen die Technik.

Fanatiker

Eine besondere Art geistiger Umnachtung; während jeder einigermaßen normale Mensch mehrere volle Flaschen bei sich hat, wenn er seinem Hobby nachgeht, nimmt der Fußballfanatiker einen Sack voll leerer Flaschen ins Stadion mit.

Faustabwehr

Spezielle Technik der Torwarte, um Ball oder Stürmer oder beide so umzulenken, daß sie nicht – oder wenn, dann höchstens der Stürmer – im Tor landen.

Fehlpaß

Unangenehme Situation im internationalen Reiseverkehr, kann zu Verzögerungen und Verspätungen führen. Zum

Fußballsport besteht, soweit mir bekannt, kein Zusammenhang!!! Oder???

FIFA

Föderation Internationaler Fußball-Anhänger; der Weltzusammenschluß der Fußball-Fans. Die FIFA entscheidet, welche Vereine zu boykottieren sind, ob die Südkurve ein Glasdach erhält und ob Fahrradketten weiterhin als legitimes Beifallsmittel gelten.

Flasche

1. Ein miserabler Spieler, der eine Flasche an den Kopf bekommt.
2. Ein Gegenstand, den ein schlechter Spieler an den Kopf geworfen bekommt.

Flaschen

1. Alle Gegenspieler.
2. Aus der Sicht des Torwarts die Stürmer, wenn das Match verlorenging.
3. Alle Schieds- und Linienrichter.

Football

Ein speziell für die Amerikaner entwickeltes Ballspiel; sieht aus wie ein Mittelding zwischen Jiu-Jitsu, Taekwondo und Aufruhr in einem Negerkral nach dem Motto: Alle gegen alle – oder „der Zweck heiligt die Mittel". Das Spiel ist den Amerikanern auf den Leib geschnitten, denn das Land wird ja vom Fernsehen dirigiert: Nach jeweils ein bis höchstens zwei Minuten Spielzeit tritt eine Pause von zehn bis zwanzig Minuten ein, in welcher entweder der Ball gesucht wird oder die Spieler verbunden werden oder die zahlreichen Schiedsrichter streiten, wer der größte ist. Derweil werden die Werbespots eingeblendet, die nach einem US-Gesetz jede Sendung alle zwei Minuten für mindestens zehn Minuten zu unterbrechen haben, sonst geht die gesamte amerikanische Industrie zu Grunde. Der auf der übrigen Welt übliche Fuß-

Flaschen

„Und die hat mich beim vorletzten Länderspiel getroffen.“

ballsport konnte sich allein deswegen in den USA nicht durchsetzen, weil solche Pausen einfach nicht möglich sind.

Foul

Unter „Foul“ versteht man den Vorwand des Schiedsrichters, das Spiel im spannendsten Moment zu unterbrechen, um sich eine Verschnaufpause zu verschaffen. Schließlich sind Schiedsrichter etwas vorgealterte Herrn, meist noch mit einem kleinen bis mittleren Bäuchlein versehen, was dieses blöde Hin- und Herlaufen auch nicht gerade zur Gaudi macht. Grundsätzlich unterscheidet die FIFA zwei Arten von Foul:

1. Das offene Foul: Wird vom Schiedsrichter in ungefähr der Hälfte der Fälle und von Spielern und Zuschauern in ungefähr einhundertfünfzig Prozent der Fälle gesehen. Pfeift der Schiedsrichter, wird das Spiel unterbrochen; pfeifen die Zuschauer, ist der Schiedsrichter verärgert.
2. Das versteckte Foul: Ursprünglich von den Engländern erfunden, wurde es von den Italienern und den Brasilianern zur Vollendung weiterentwickelt. Pfeift der Schiedsrichter, so sind die Zuschauer verärgert; wenn die Zuschauer dagegen pfeifen, war der betroffene gefoulte Spieler nicht schwer genug verletzt, das heißt, er konnte nach zehn Minuten weiterspielen.

Frauenfußball

„Beim Endspiel um die deutsche Frauen-Fußball-Meisterschaft säumten Zweitausende von Zuschauern das Spielfeld. Seinem äußeren Erscheinen nach war der Schiedsrichter männlichen Geschlechts.“
(Aus einer deutschen Tageszeitung)

Freizeitkicker

Diese wahren Fußballfanatiker erkennt man vor dem Spiel an ihren zahlreichen begleitenden Ehefrauen, Freundinnen und Kindern, beim Anstoß an den zahlreichen elastischen Binden um Knie und Knöchel, während dem Spiel an den aus den Turnhosen herausdrängenden Bäuchen, nach dem Spiel

Frauenfußball

„Und dann hat Frau Vorderschulzehausen mir ein neues Häkelmuster verraten!“

Freizeitturnier:
Hier die „Domkirche Trier-Kicker“ beim Training

an den aufgeschundenen Unterschenkeln und Schienbeinen und während der ganzen Zeit an den zahlreichen, am Spielfeldrand aufgebauten Bierkisten. Der echte Freizeitkicker raucht während der Halbzeitpause mindestens drei Zigaretten, spielt mit verbissenem Gesicht und schnauft wie der „Schönbrunner-Peppi" während der Fütterung. Nach Spielende pflegt es in der Umkleidekabine gelegentlich etwas streng zu riechen.

Freizeitturnier Fußballfreunde, aus ehemaligen oder zukünftigen Bundesligaspielern rekrutiert, treffen sich zu Turnieren, bei welchen reichlich Bier und gelegentlich Blut fließt. Vom „FC Abschreckung" bis zu den „Zahnersatz-Kickers" reicht das Feld der eifrigen Teams.

Führung Eine Führung kann man nur herausschießen, wenn man möglichst viele Bälle hineinschießt – logisch ist die Fußballsprache nie. So wird der „Auftakt verpatzt", ohne daß irgendeiner der Teilnehmer musikalisch sein muß, ein „abgefieselter" Spieler ist nicht etwa abgenagt wie ein Gummiadler aus dem Wiener Milieu, und „Mumm" ist nicht etwa Champagner, sondern fußballerisches Durchhaltevermögen. Ein „Löwen-Libero" ist kein radikaler Tierschützer, der von Zoo zu Zoo fährt und die Löwen rausläßt. Und zu guter Letzt: Ein „Krautacker" ist kein Gemüsefeld, sondern ein ganz normaler Fußballplatz in den Augen des Trainers der Auswärtsmannschaft (falls Sie wissen sollten, was das ist!).

Fummeln Völlig veralteter Ausdruck der Fußballtechnik; wurde einem ganz anderen Gebiet zugeordnet, das zu erwähnen uns der Anstand verbietet. Heißt heute „dribbeln".

Funktionär Wichtigster Mann auf dem Wettkampfplatz. Ohne ihn funktioniert nichts. Ohne ihn würden heute vermutlich in der Sportschau immer noch Sandkastenspiele übertragen. Daher hat die Zahl der Funktionäre sehr hoch zu sein. Nach inoffiziellen Schätzungen besteht eine gute Olympiamannschaft oder ein Fußballweltmeister aus neunzig Prozent Funktionären und zehn Prozent Sportlern. Da sie aber meist der Öffentlichkeit persönlich nicht bekanntgemacht werden – worunter diese wahren Helden der Nation fürchterlich leiden –, ist seit langem geplant, nur noch ihre Namen zu nennen und nicht mehr die der aktiven Sportler. Außerdem würden viele Arztkosten gespart: Die Behandlung eines depressiven Funktionärs durch den Psychiater kostet das Zehnfache mehr als die Behandlung eines gebrochenen Beins des Aktiven durch einen Chirurgen.

Fußball-Fieber

Während es in den herrlichen Zeiten der Vollbeschäftigung noch üblich war, sich während der Europa- oder Weltmeisterschaften seine „Grippe zu nehmen“ (= sich krank schreiben zu lassen), sind heute verfeinerte Methoden gefragt. Das steigert zwar nicht die effektive Arbeitsleistung, macht aber die Statistiken sauberer: Alle Mitarbeiter sitzen brav an ihrem Arbeitsplatz.

G

Gegner

Eine Truppe ekelhaft ehrgeiziger Typen, gegen die unser Verein antreten muß und die schon mit dem festen Willen auf den Platz kommt, auf jeden Fall zu gewinnen. Engländer, ja bekannt für ihr sportliches Auftreten auf dem Fußballplatz, würden dazu sagen: „Das sind aber keine Sportsmän!“. Gegner begehen ständig brutale Fouls, versuchen den besten Spielern unseres Vereins schwerste Verletzungen beizubringen und schießen alle ihre Tore aus Abseitsposition oder

Fußball-Fieber

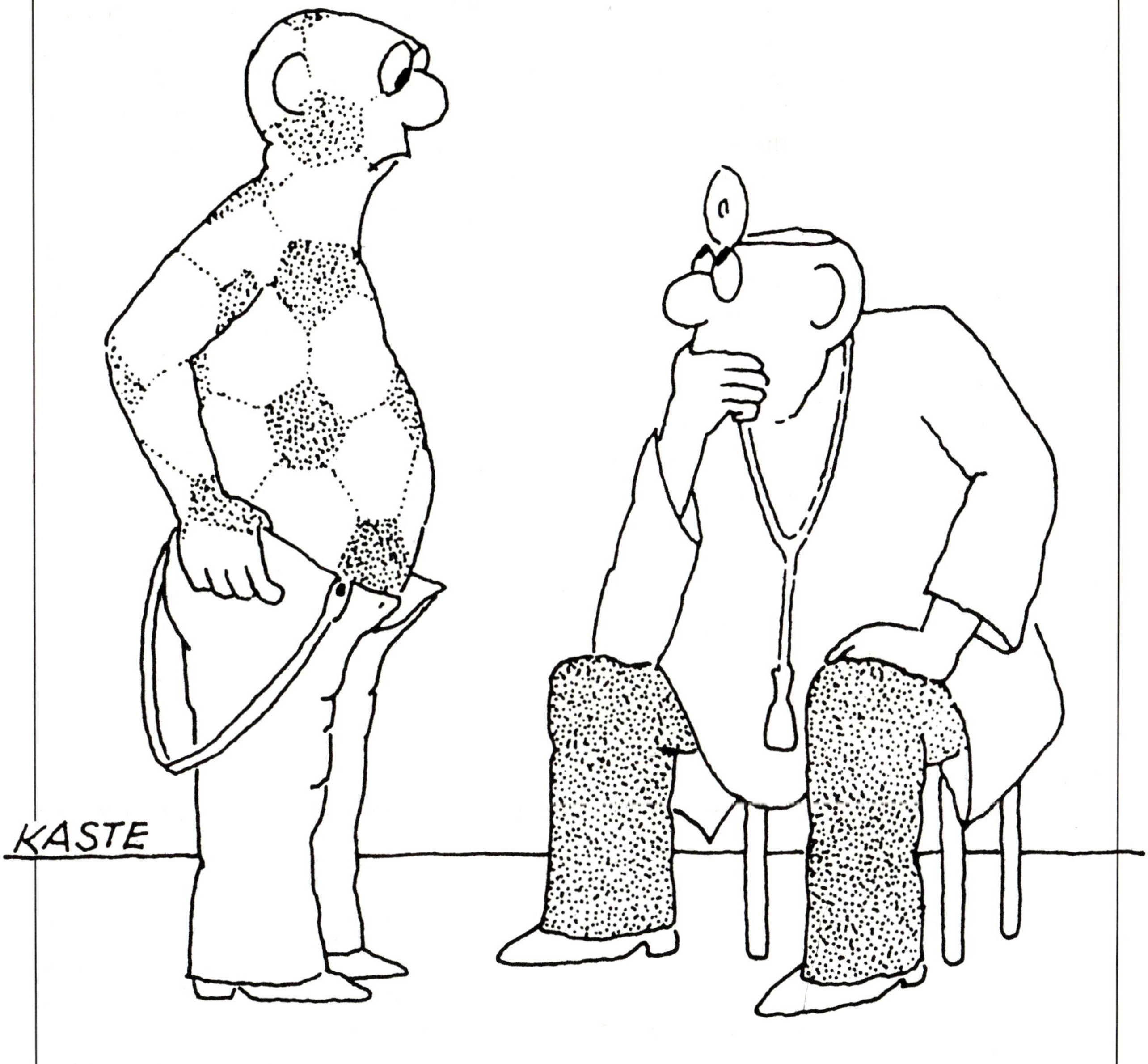

schinden mit phantasievollen schauspielerischen Leistungen Elfmeter. Dabei ist doch bekannt, daß gerade Gegner auf unserem Platz von Zuschauern stets fair und anständig behandelt werden.

Geißbock Maskottchen einer bekannten deutschen Fußballmannschaft; mag diesem Team zwar viel Glück vermittelt haben, einen Meistertitel hat er schon seit ewigen Zeiten nicht mehr eingebracht. Vielleicht sollten die Herren statt des Geißbocks mal einen Maibock wählen?

Gottesurteil Wenn der Schiedsrichter bei einem Spiel der Bayern gegen Düsseldorf aus Krefeld kommt. So ein Spiel ist einfach nicht zu gewinnen, schließlich treten die dann mit zwölf Mann an und haben es dazu noch jederzeit in der Hand, die armen Bayern auf zehn oder gar neun Spieler zu reduzieren, durch ihren „Halbgott in Schwarz".

Gummiband Trägt neben Trainer und Sponsor eine wichtige Verantwortung im Fußballsport. Ein Spieler kann ohne Trainer hervorragend trainiert sein und kann ohne Sponsor so motiviert sein, daß er Tor um Tor schießt – ohne Hosengummiband ist er kaltgestellt wie der Sekt vor dem Endspiel.

H

Haarwuchsmittel Für Haarwuchsmittel sind Fußballspieler nur bedingt als Werbeträger geeignet – ausgenommen vielleicht Uwe Seeler oder auch Dieter Hoeness –, weil sie durch zu lange Haare beim Spielen behindert werden können. Vor allem bei der Mauerbildung brauchen Spieler mit langen Haaren minde-

Haarwuchsmittel

„Tut mir leid, ich hab den Ball gar nicht kommen sehen!“

stens vier Hände, davon zwei, um ihre Sehfähigkeit zu erhalten, die anderen zwei, um ihre andere Fähigkeit zu schützen.

Halama

Der Trainer einer gewissen bayerischen Fußballmannschaft, die nach Ansicht ihrer Fans in die erste Bundesliga gehört und nur mittels eines üblen Tricks in irgendwelche unteren Ränge verbannt wurde. Die Mannschaft versucht seit Jahren, sich nach oben zu kämpfen, scheitert aber immer wieder am Widerstand des anderen großen Vereins dieser bayerischen Stadt. Nach Ansicht führender Fußballexperten sollte Herr Halama besser Herr „Halma" heißen, denn so sieht das Spiel seiner Mannschaft aus.

Halbzeit

Ein Greuel für Mathematiker, gibt es doch bei jedem Fußballspiel drei Halbzeiten – ja, wirklich:
a die erste Halbzeit
b die Halbzeit
c die zweite Halbzeit
Während a spielt das Team A von links nach rechts; während b wird das Team A von seinem Trainer fertiggemacht (siehe unter „Kabine"!);
während c spielt das Team A von rechts nach links. (Tip für Laienzuschauer: Bei a und c darf man zuschauen, bei b leider nicht.)

Hand

Obwohl beim Fußball der Ball auf keinen Fall mit der Hand berührt werden darf, hat sie doch wichtige Funktionen beim Match. So braucht der Spieler die Hand, um dem Gegner unauffällig eine zu schmieren, um das Hosengummi seines Gegenspielers zu zerreißen, um bei der Mauerbildung wichtigste Körperteile zu schützen und notfalls dem Schiedsrichter klarzumachen, daß er ein Blindgänger ist. Zu ihrer wahren Funktion kommt die Hand aber erst, wenn der Schiedsrichter ein Foul gepfiffen hat; dann wird der Ball von der verteidi-

Halbzeit

Heimspiel

„Bitte keine Flaschen, von denen kriege ich am Platz genug ab!“

genden Mannschaft erst einmal per Hand fünfzig Meter weit weggetragen und zur Durchführung des Freistoßes nur zögernd weit über den Ort des Freistoßes in die Hälfte des Gegners geworfen. Auch hat es sich als günstig erwiesen, bei jedem Angriff die Hand hoch in die Luft zu heben, um den Schiedsrichter darauf aufmerksam zu machen, daß längst „Abseits“ zu pfeifen gewesen wäre. (Um es ganz ehrlich zu sagen, die meisten Schiedsrichter fahren auf diese Geste sofort ab.)

Handball — Alternative Sportart für Fußballer, welche zu oft beim Handspiel erwischt worden sind. Sie steigen daher so lange auf Handball um, bis sie dort zu oft beim „Fuß“ erwischt worden sind, dann gehen sie nach Amerika und spielen Rugby (dabei dürfen sie auch noch jeden Mann auf dem Platz verprügeln, außer den Schiedsrichter natürlich!).

Haye, del Calle — Berühmtester Fall dafür, wie sich ein Verein seine Gegner auf dritte Art vom Hals schaffen kann: Er kauft sie auf und setzt sie so lange bei sich auf die Reservebank, bis sie das Pensionsalter erreicht haben.
(Anmerkung für den Laien: Von der Reservebank aus darf nicht auf das Tor geschossen werden!)

Heimspiel — Im Gegensatz zur Ehe, wo Heimspiele gelegentlich in einer Katastrophe enden, werden Heimspiele beim Fußball meist gewonnen; deswegen gibt es so viele Fußballanhänger.
P.S.: Aktiven Fußballern sind Heimspiele vor Heimspielen übrigens verboten, aus konditionellen Gründen.
P.S.: Übrigens auch vor Auswärtsspielen.
P.S.: Es ist nach wie vor ein streng gehütetes Geheimnis, wie der Fußballtrainer dieses Verbot kontrolliert.

Hinspiel — Sehr anstrengendes Fußballmatch, nach welchem alle Spieler ziemlich „hin“ sind.

Idol

„Welcher der beiden ist nun das Idol der Schotten?“

Hirnverletzung „Solche Verletzungen sind beim Fußball seltener anzutreffen als bei anderen Sportarten“ (wörtliches Zitat aus einem Lehrbuch über Sportverletzungen).
Hier sollte der Deutsche Fußball-Bund einschreiten, ich halte das für eine persönliche Beleidigung des Stolzes unserer Nation – selbst wenn man bedenkt, daß Fußball mit den Beinen gespielt wird. Schließlich hat die spielerische Intelligenz eine wichtige Funktion, wie alle Trainer immer wieder behaupten.

Hose Die Hose des Fußballers ist nicht nur eine gewöhnliche Unterkörperbekleidung, wie sie jedermann trägt – sie hat andere, fast wichtigere Funktionen. So hat das Hosengummi besonders reißfest zu sein, einmal, weil eine auf die Füße gerutschte Hose ein korrektes Fußballspiel sehr behindert, zum anderen, weil es daneben die Aufgabe hat, als Haltegriff für gegnerische Spieler zu dienen. Ihre wichtigste Funktion aber hat die Hose des Fußballers als Werbeträger. Lediglich die Reklame für Abführmittel und Babywindeln hat sich auf ihr bisher nicht recht durchsetzen können; der FC Zwietracht Rohrbrunn soll jedoch bereits mit der Firma Pampers diesbezügliche Verhandlungen führen.

I

Idol Nachdem die deutschen Psychologen das Leitbild als wichtigen Erziehungsfaktor wiederentdeckt haben, findet sich für die deutsche Jugend ein reiches Feld auf den Fußballplätzen, sich ein geeignetes Idol zu suchen. In der Rangliste findet man:

Jugendförderung

Beckenbauer weit vor Beethoven
Schumacher weit vor Schumann
Junghans weit vor Jung (egal, ob C.G. oder Robert).

Italien

Das gelobte Land für deutsche Fußballer mit Fernweh, Finanzproblemen und sonnenhungrigen Frauen. Nur für den Bundestrainer entstehen dann Probleme, frei nach dem Motto: „Die er will, die kriegt er nicht, und die er kriegt, die will er nicht."

J

Jugendförderung

„Mein Junge soll mal etwas Besseres werden!" sagte der Landesligaspieler und ließ ihn ab seinem dritten Lebensjahr täglich acht Stunden Fußball trainieren. (Leider war der arme Junge X-beinig, sportlich völlig unbegabt und stark kurzsichtig; er wurde kein Fußballer, sondern später ein berühmter Mathematiker. Wie man hört, soll sein Verhältnis zu seinem Vater nie so ganz das beste gewesen sein, da der Vater in der Schule in Rechnen immer einen Sechser hatte und bis zum Mathematikunterricht nicht vorgedrungen ist.) Während der Privatmann auf das ihm von der Natur gegebene Material, – seine Kinder –, angewiesen ist, sucht sich die öffentliche Jugendförderung bereits erkennbar Talente heraus; ihre Erfolge sind daher ungleich größer: Dafür kosten sie allerdings den Steuerzahler Millionen und das Ergebnis ist ebenso ungesichert wie oben.

K

Kabine

Geheimnisvoller Ort, an welchem Fußballer einer Art Gruppentherapie unterzogen werden. Vor dem Spiel spricht

Karte

„Und hier ist meine!“

der Trainer beschwörende Worte, während der Halbzeitpause schimpft er wie ein Rohrspatz, nach Matchende findet ein gemeinsames Heulen statt – und über allem liegt ein vereinender Schweißgeruch.

Karte

Als interessierter Zuschauer wird Ihnen schon aufgefallen sein, daß der Schiedsrichter gelegentlich das Match unterbricht, um einem der Mitspieler seine Visitenkarte zu überreichen; dies ist eine reine Höflichkeitsgeste, die Schiedsrichter empfehlen sich so für ein anderes Spiel (wegen der hohen Gebühren, die sie kassieren!). Der Schiedsrichter von Welt führt rote und gelbe Karten mit sich, eine alte Tradition. Einen tieferen Sinn besitzen die Farben nicht.

Kassenschlager

Hit, von deutschen Profifußballern gesungen, die damit ihre leeren Kassen auffüllen.

Kasten

Ein Fachausdruck mit absolut unterschiedlicher Bedeutung für Spieler oder Torwart. Sagt man von einem Spieler, er hat was auf dem Kasten, so ist das ein Lob. Sagt man dagegen vom Torwart, er hat was im Kasten, so ist das ein Tadel.

Kleidung, korrekte

Vor allem die Schiedsrichter haben korrekte Kleidung zu tragen, damit sie allein schon durch ihr gesamtes Erscheinungsbild Disziplin ausstrahlen. (Interne Anweisung der FIFA.)
Unser Tip dazu: Vermeiden Sie als Schiedsrichter den Frack oder den Gehrock auf dem Fußballplatz. Beide Kleidungsstücke sind zwar vorschriftsmäßig schwarz, könnten aber leicht etwas lächerlich wirken. Auch der Kummerbund, ein sehr wirksames Mittel gegen den unter unseren Schiedsrichtern sehr verbreiteten Hängebauch, sollte unter dem Trikot getragen werden. Auch die rote und die gelbe Karte sollten ungerahmt mit sich geführt werden, damit sie ihren Strafef-

	fekt nicht verlieren. Kopfbedeckungen wie Melone und Zylinder sind, auch bei strömendem Regen, unüblich – der Schiedsrichter von Welt trägt bei Wind oder Regen ein Haarnetz, das seiner Haarfarbe angepaßt ist.
Klimaschewski	Mit Sicherheit der „größte" Trainer der Bundesliga.
Knie	Sollbruchstelle beim Fußballer.
Kögl	Quirliges, wieselflinkes kleines (160 cm) Tier; wurde im bayerischen Unterland entdeckt und lebt vom Rasen. Ähnelt in vielem dem Wolpertinger, ist aber nicht so scheu, weswegen es bereits mehrfach gelang, den (oder das?) Kögl im Fernsehen in freier Wildbahn zu zeigen, meistens samstags um 18.15. Das (oder der?) possierliche Kögl ist ein Publikumsliebling von Werder bis Bayern und von 1860 bis heute.
Kostümball	Fußball mit Pelzüberzug (für Winterspiele!).
Kreuzeck	Beliebtes Münchner Ausflugsziel in der Nähe von Garmisch-Partenkirchen.
Krisensitzung	Zusammentreffen der wichtigsten Vereinsfunktionäre bei a Gefahr des Abstieges einer Profimannschaft aus der Bundesliga b Gefahr des Aufstieges einer Amateurmannschaft in die Bundesliga c Gefahr des Eintreffens von Angeboten aus Italien d bei Konkurs der Sponsorfirma und negativem Punktverhältnis bei sinkender Zuschauerzahl und Trainerwechsel.

L

Lattenpendler	Pssst!!, dies ist ein anständiges Buch!

Lattenschuß

Legionär

Lattenschuß

Eine Situation während eines Fußballmatches, welche die Spieler nach Möglichkeit zu vermeiden suchen, ist eine solche doch recht gefährlich. Was glauben Sie, warum die Fußballer, wenn sie bei einem Freistoß eine MAUER bilden, sich dabei beide Hände fest vor den Unterleib halten? – Eben, um den Lattenschuß zu vermeiden.

Legionär

Berufskämpfer, der sich in fremden Ländern verdingt, um gegen viel Geld zu treten, zu stoßen, zu schlagen, zu beißen, zu schießen, kurz den ästhetischen Fußball zu demonstrieren, welcher in seinem Heimatland so erfolgreich praktiziert wird. Kehren Legionäre kurzfristig in ihre Heimat zurück, um dort ihr Talent zu zeigen (siehe unter „Nationalmannschaft!“), so geschieht dies nicht etwa, um die Ehre ihres Landes zu verteidigen, sondern ihren Kaufpreis auf der Transferliste zu verbessern.

Lehm

Der meistgebrauchte Belag für Fußballplätze. Guter Lehm entsteht, indem ein Fußballplatz beim Bau gut drainiert wird, anschließend von einem Rasenspezialisten bepflanzt und von den 74 Rasenspezialisten jedes Clubs betreut wird. In täglichen kleinen Diskussionen von drei bis vier Stunden Dauer wird von diesen Experten festgelegt, was als nächstes für eine Chemie auf den Platz gestreut wird. Anschließend trainieren sämtliche Mannschaften des Vereins wöchentlich zweimal auf dem „englischen“ Rasen, und am Wochenende werden die drei bis vier Matchs ausgetragen, möglichst während eines seit drei Tagen anhaltenden Dauerregens. Zur Sommerzeit dann ist der ganze Platz schön gleichmäßig mit dem herrlichen gelb-braunen Lehm bedeckt, der einen guten Platzbelag ausmacht.

Leviten

„Lehrbuch der Fußballtaktik“, kurz die „Leviten“ genannt; aus diesem Buch liest der Trainer seiner Mannschaft während der Halbzeitpause oder an lauen Trainingsabenden vor. Hält leider meist nicht bis zum nächsten Wochenende vor.

Libero

Vittore Emmanuel Libero (1894–1977), der berühmteste italienische Fußballspieler aller Zeiten, stand seit der Gründerzeit stets als Stammspieler in der italienischen Nationalmannschaft.

Lichtblick

Wichtiger Tröster für leidgeprüfte, abstiegsgefährdete und erfolgsarme Trainer. Zahlreiche solche Lichtblicke geben dem Trainer neuen Mut:
Ein Spieler des Gegners erhält die rote Karte.
Der Gegner verschießt einen Elfer.
Seine Spieler stellen sich „geschlossen“ hinter ihn.
Sein Vorstand stellt sich „geschlossen“ hinter ihn.
Er hat schon einen Vertrag für die nächste Saison.

Liga

Sozusagen der Adelskalender der Fußballer. Die jeweilige Liga entscheidet aber nicht nur über den gesellschaftlichen Rang des Spielers, sondern vor allem auch über die finanzielle Situation des einzelnen Spielers.

An oberster Stelle stehen die beiden „Bundes-Ligen“, so genannt, weil sich deren Spieler fest verbündet haben, niemals ein Fußballfeld zu betreten, ohne nicht mindestens einen Scheck über zehntausend Mark in Aussicht zu haben. So manche Bundes-Liga-Mannschaft hat schon jämmerlich verloren, der einzelne Spieler jedoch hat stets gewonnen, wenn auch keine Punkte, dann doch harte deutsche Mark.

Die restlichen Ligen gehören mehr zum fußballerischen Fußvolk und besitzen nur lokale Bedeutung.

Bei ihnen spielt Geld eine mehr untergeordnete Rolle, was aber nicht heißen soll, daß dort weniger hart gekämpft würde; dort geht es um den lokalen Ruhm und um die individuelle Ehre, Dinge, um derentwillen sich schon ganze Völker gegenseitig abgeschlachtet haben.

Lichtblick

Natürlich gibt es auch den verarmten Adel im Fußball: Das sind die Vereine, denen wegen Überschuldung die Lizenz entzogen wurde, so 1860 München und Arminia Bielefeld.

Linienrichter

Eine Art Schiedsrichter zweiter Klasse; um unnötigen ruhestörenden Lärm zu vermeiden, haben sie keine Pfeife, sondern eine leuchtende Fahne, mit der sie wild in der Luft rumfuchteln; sie laufen stets außerhalb des Spielfeldes hin und her, vermutlich, weil sie sich nicht auf den Platz trauen, aus Angst, den Ball ins Kreuz zu bekommen. Sie tragen Schwarz wie richtige Schiedsrichter, vermutlich, weil sie genau so traurige Miesepeter sind wie diese (siehe auch unter „Schiedsrichter"!).

Linksaußen

Stürmer, der in der stillen Abgeschiedenheit der Wahlzelle die DKP wählt, ohne rot zu werden.

Lloyds Versicherung

Versichert fast alles auf der Welt; so sind unter anderem Elisabeth Taylors Augen, Eddy Williams Busen und Karlheinz Rummenigges Beine dort hochversichert. Wenn Sie aber meinen, Liz Taylors Augen seien mehr wert als Rummenigges behaarte Beine, dann liegen Sie falsch! Laut Lloyd sind die Fußballhaxen zwei Millionen Mark, die Augen aber nur eine Million Mark wert.

M

Manager

Der Mann, der den ganzen Fußballverein schmeißt: Also derjenige, der immer schuld ist, dessen Nerven am Boden hinter ihm herschleifen und der vom Präsidenten einen Anschiß kriegt, wenn der Schütze Bumm (z. B. Nachtweih) einen Elfmeter „über den Kasten geknallt hat!!").
Das Wort stammt aus dem Englischen, – von „Man" = Mann

Linksaußen

„Die einzigen, die hier etwas von Toren verstehen, sind die Holzwürmer in den Pfosten!“

und „Ager“ = Altern; also bedeutet es wörtlich übersetzt: „Ein Mann, der schnell altert“.

Manndeckung

Anderer Ausdruck für Nachwuchsförderung beim Fußball.

Mannschaftskapitän

Reine Ehrenfunktion in einem Fußballteam. Seine Hauptaufgabe besteht darin, kleine Zierfähnchen, einen Blumenstrauß oder sonstige Geschenke dem gegnerischen Kapitän so zu überreichen, als sei er heftig in ihn verliebt. (Tatsächlich kann er ihn in den meisten Fällen auf den Tod nicht leiden.) Der Kapitän des Fußballteams muß weder wasserdicht sein noch schwimmen können, und ein Kompaß ist für ihn ein absolut unverständlicher und daher wertloser Gegenstand. Der einzige Hafen, welchen er jemals anlaufen wird, ist der Hafen der Ehe. Und selbst dabei kann es zu erheblichen Kollisionen kommen.

Masseur

Eine Art männlicher Psychotherapeut, häufiger benötigt, um den verletzten Stolz als das verletzte Bein eines Spielers zu betreuen.

Material

Für jeden Verein ist es wichtig, viel gutes Spielermaterial an der Hand zu haben. Das jeweils zur Herstellung eines guten Sportlers verwandte Material ist heute international weitgehend festgelegt; es werden aber auch immer wieder neue Stoffe erfunden, die zu größeren Spitzenleistungen führen. So gilt als bestes Material für einen Fußballer für die Gelenke Gummi, für die Knochen Hartgummi, für Schienbein und Becken Edelstahl, für Bänder Drahtseile mit Kautschukseele, und der Kopf sollte leicht gasgefüllt sein (Helium o.ä.), damit er immer oben bleibt. Motorradfahrer baut man am besten ganz aus V2A-Stahl, sie müssen wie Autorennfahrer feuerfest verzinkt sein. Schwimmer sind grundsätzlich mit einer weichen schleimigen Haut überzogen, die aus Froschlurch ge-

Material

„Machen Sie keine Umstände, Sie wissen doch, daß es auf der ganzen Welt üblich ist, nach einem Match die Trikots zu wechseln!"

Mauer

macht wird (Achtung: Im Kühlschrank aufzubewahren!). Schiedsrichter sind aus abweisenden Chemikalien und Tennisspieler aus Gold mit Kaviar und Champagnerfüllung. Nur argentinische Dribbelkünstler sind aus purem Gold gemacht.

Matschauge Häufige Folge von Eckstößen, wenn ungeübte Stürmer den Ball einköpfen wollen und entweder den Ball falsch erwischen oder der Torhüter sie falsch erwischt.

Mauer Verbreitete Art der Selbstverstümmelung bei Fußballern; im günstigsten Fall können dabei Verletzte später als eine Art Reserve-Heinke ihr Geld verdienen.
Mögen ausgeprägte O-Beine auch sonst häufig ein typisches Zeichen für den guten Spieler sein, zur Mauerbildung ist er damit eher ungeeignet.

Mauern Spezielle Spieltaktik, wenn eine Mannschaft entweder 10:0 führt oder 0:10 zurückliegt; um weitere Tore zu verhindern, wird menschliches Versagen durch das Errichten einer Ziegelmauer vor dem eigenen Tor ausgeschlossen. Achtung, wichtiger Tip für Trainer: Schnell mauern, damit der Schiedsrichter nichts merkt. Außerdem hat es sich bewährt, neben Zahnärzten wie Eintracht Frankfurt und Sportstudenten wie Bayern München auch ein paar Handwerker in der Mannschaft zu haben. Architekten eignen sich weniger, Beamte sind absolut ungeeignet; bis die ersteren die Mauer fertig geplant haben, ist das Spiel zu Ende, bis die letzteren die Baugenehmigung erteilt haben, ist ihr Team schon seit drei Saisons abgestiegen und spielt in irgendeiner Bezirksliga.

Meter, laufender Besonders kleiner Fußballtrainer, bis vor kurzem als Chemiker im Bereich Köln tätig.

Motivation Fachausdruck für den Anreiz, Weltspitzensportler zu werden. Die am häufigsten genannten Gründe sind:

Netz

1. Ehrgeiz
2. Sendungsbewußtsein
3. Inneres Bedürfnis

Die am häufigsten ungenannten Gründe sind:
1. Geltungsdrang der Eltern
2. Geld
3. Geld

N

Nachschlag 1. Beim Essen: Sonderportion für die Hungrigen.
2. Beim Fußball: Sonderportion für die Foulsten.

Nachschlagwerk Gebrochenes Steißbein bei einem Fußballspieler.

Nahziel Häufig benutzter Ausdruck der Fußballtrainer bei Fernsehinterviews.
a. Wenn der Abstieg ins Haus steht: „Unser Nahziel ist ein UEFA-Platz!"
b. Wenn der Meistertitel ins Haus steht: „Unser Nahziel ist ein UEFA-Platz!"
c. Nach dem Abstieg: „Unser Nahziel ist der Wiederaufstieg!"

Übrigens: a ist ein typisches Beispiel der Angst vor dem Rauswurf des Trainers seitens des Vorstandes, b eine Rückversicherung, falls es dennoch schief gehen sollte.

Nepp Fachausdruck für die Eintrittspreise in deutschen Fußballstadien.

Netz Die hintere Öffnung des Fußballtores ist mit einem engmaschigen Netz fest verschlossen, damit der Torwart bei scharfen Schüssen nicht immer in die Tribüne hinaufgeschleudert wird.

Netzraum

So benannt nach dem berühmten Fußballspieler Günther Netzer: Der Raum, in welchem die Fußballer ihre Perücken, Toupets und Haarnetze während des Matchs aufbewahren. Netzer kam auf diese Idee, als er einmal seinen Clubkameraden Uwe Seeler vor dem Spiegel beobachtete

---

Niederlage

Dieser Begriff existiert als Einzelwort beim Fußball nicht – es gibt nur sogenannte „unglückliche Niederlagen". Nach solch unerfreulichen Ereignissen ist es vor allem wichtig, die Ursachen sofort und in richtiger Weise zu analysieren. Eine Auswertung der Fußballspiele während der letzten fünfzig Jahre hat die folgende Schuldaufschlüsselung gebracht:
Die Schuld liegt in
80% der Fälle beim Schiedsrichter
20% der Fälle beim Trainer, zumindest in den Augen des Vereinsvorstandes.
Woraus eindeutig hervorgeht, daß die Schuld niemals bei den Spielern liegen kann.

Notbremse

Beim Fußball wird, im Gegensatz zum Eisenbahnzug, die Notbremse mit dem Fuß bedient. Der Zweck ist jedoch der gleiche: Den Gegner zu stoppen, weil Gefahr droht. Dazu tritt man so geschickt nach dem Ball, daß dieser ins „aus" und der Gegner zu Boden geht.

Ö

Östrogene

Chemisches Zeugs, wird den Sportlern zum Muskelaufbau gespritzt. Da heute gelegentlich mit Dopingkontrollen gerechnet werden muß, sind kluge Trainer dazu übergegangen,

Östrogene

„Schau, was wir für Deinen Wechsel bekommen haben!“

ihren Spielern Grillhähnchen zu servieren. So haben sie nachweislich kein Medikament eingenommen und bekommen dennoch ausreichend die wichtigsten Östrogene, nachdem das deutsche Durchschnittsgrillhähnchen mehr davon enthält als eine Dreimonatspackung der Antibabypille.

P

Pazifist

Friedlicher, daher für das Fußballspielen absolut ungeeigneter Mensch. Der Pazifist kann weder schießen noch seinen Gegner mit Füßen treten, ihm die Beine wegschlagen oder ihm die Faust ins Gesicht stoßen. Gerade diese Techniken aber sind es, welche der Fußballstar perfekt beherrschen muß, will er zur Spitze zählen; und genau diese Feinheiten des Fußballspiels sind es, die den Zuschauer begeistern.

Pfeife

1. Der Schiedsrichter hat eine Pfeife (Vorschrift der FIFA).
2. Der Schiedsrichter ist eine Pfeife. (Ansicht fast neunundneunzig Prozent aller Fußballspieler, Fans und Fernsehreporter)

Präsident

Dasjenige Mitglied eines Vereinsvorstandes, welches über das meiste Geld verfügt. Seine Funktion ist eine rein repräsentative: Auf gut deutsch, er muß eine gute Figur machen und so aussehen, als könne er kein Wässerchen trüben (was die übrigen Vereinsfunktionäre sowieso in ausreichendem Maße übernehmen!).

Pressball

Da es nicht möglich ist, Tennis mit einem Ball zu spielen, der Fußballgröße hat, werden Fußbälle künstlich gepreßt und so auf die Größe von Tennisbällen gebracht. Ähnliche Bälle verwendet man beim Schlagballweitwurf und beim Kricket.

Präsident

„Wir werden nur einen einzigen Vertrag erneuern, und zwar den mit dem Würstchenmann!!!“

Gelegentlich arbeiten die Pressen nicht ganz exakt, und so entsteht der längliche Ball, der im amerikanischen Football Verwendung findet. Umgekehrt werden auch Fußbälle zu Medizinbällen und Punchingbällen aufgeblasen.

Psychotraining

Spätestens seit Becker wissen wir, daß zum Fußballspielen, soll es einträglich sein, nicht nur elf Mann, ein Schiedsrichter und ein Ball gehören. Selbst ein paar stämmige Müller-Beine machen noch keinen Fußballmeister aus. So halten sich die großen Vereine inzwischen einen Vereinspsychologen, welcher so wichtige Dinge wie „Biß", „Einsatzbereitschaft" und „Kampfgeist" lehrt. Und außerdem soll Fußball doch Freude bereiten!

R

Radenkovic-Komplex

Der nach dem berühmten „Radi" benannte archaische Trieb eines jeden Torwarts, selbst einmal ein Tor zu schießen – Eigentore dienen seiner Befriedigung nicht. Bringt die Trainer zum Verzweifeln und die Zuschauer zum Jubeln.

Rahn

Wer es in den Beinen hat, muß es nicht unbedingt auch im Kopf haben; und so klappt es manchmal nicht recht mit der Altersversorgung der Fußballstars. So soll Helmut Rahn nach der Fußballweltmeisterschaft von Bern von einer großen Mineralölfirma eine Tankstelle angeboten bekommen haben, mit dem Versprechen, er bekomme ein Fünftel des Umsatzes als Reinverdienst. Darauf soll Rahn geantwortet haben: „Ein Fünftel ist mir zu wenig, ich will mindestens ein Zehntel bekommen!"

Psychotraining

Reklamieren

„Sehen Sie einen Ball im Tor, Herr Schiedsrichter?“

Rasen

Fußball hat viel mit Rasen zu tun; da rasen die Spieler über den Platz, da ertönt rasender Beifall, da rast der rasende Reporter ans Telefon, um seine Redaktion über den Spielstand zu informieren, da rast der Schiedsrichter in die Kabine, um sich vor der rasenden Menge zu schützen und so weiter.
Nur der Rasen, welcher den Platz decken sollte, ist in fast keinem Stadion zu finden. Sand, Dreck, Lehm und Wasserpfützen nehmen seine Stelle ein.

Rechtsaußen

In Deutschland stiller, in Bayern offener Franz-Josef-Strauß-Fan.

Reklamieren

Gegen die zahlreichen saublöden Fehlentscheidungen der Schiedsrichter hilft nur, den Mann durch lautstarkes Schimpfen auf seinen Irrtum aufmerksam zu machen. Gelingt es dennoch nicht, ihn zur Korrektur seiner Entscheidung zu überreden, muß man ihm einfach ein paar kräftige Hiebe überziehen – den Rest des Spieles wird er sich grollend in die Kabine zurückziehen. So verläuft das weitere Match friedlich und wird nicht immer wieder durch die blöde Pfeife unterbrochen; das Spiel „läuft“ und Trainer und Zuschauer sind begeistert.

Reservebank

Der Alptraum eines jeden Stammspielers. Dabei ist ein Platz auf der Reservebank für jeden vernunftbegabten Spieler der Teilnahme am Spiel unbedingt vorzuziehen. Wer auf ihr sitzt, erhält fast genausoviel Honorar wie der Mitspieler, dabei ist die Gefahr gefährlicher Verletzungen dort wesentlich geringer.

Rückgabe

Ein aus der Bankensprache entlehnter Ausdruck für eine technische Maßnahme, die meist zu spät erfolgt und großes Geschick erfordert. So kann eine Rückgabe zum falschen

Zeitpunkt für Bankkunden wie für Fußballvereine verheerende Folgen haben, beim einen führt es zur Pleite, beim anderen zum Tor.

S

Sanitäter

Sind im Fußballstadion sinnlos, da sie das Spielfeld gar nicht betreten dürfen, finden sich aber dennoch bei jedem Match in großer Zahl ein, da sie keinen Eintritt bezahlen müssen. Der kostenlose Eintritt bei allen großen Veranstaltungen ist der Hauptgrund für den Zulauf, den das Rote Kreuz und andere Rettungsdienste haben.

Schiedsrichter

Der „schwarze“ Mann auf dem Fußballplatz. Er ist herrschsüchtig, kleinlich und, wenn nicht total blind, dann zumindest in seiner Sehfähigkeit soweit eingeschränkt, daß ihm kein TÜV der Welt den Führerschein zugestehen würde. Eigenartiger Weise verliert sich diese Blindheit jedoch im gleichen Augenblick, da der Schiedsrichter ein Spiel abpfeift. Toni Schumacher aus Köln fragte einmal den Pfeifenmann nach einem Bundesligamatch: „Herr Schiedsrichter, wie heißt eigentlich Ihr Hund?“ worauf dieser antwortete: „Wieso, ich habe gar keinen Hund!“. Darauf Toni Schumacher: „Was für ein grausames Schicksal: Blind sein und keinen Hund besitzen!“
Um den schweren Sehfehler der Schiedsrichter wenigstens etwas auszugleichen, hat der DFB dem Schiedsrichter zwei Linienrichter beigegeben, welche ihm mit großen leuchtenden Fahnen anzeigen, in welche Richtung der Ball jeweils geschlagen werden muß.

Sanitäter

Schlappi	Im Gegensatz zu seinem Namen ein sehr starker Fußballtrainer; das Gerücht, er stehe im Vertrag mit einer amerikanischen Hutfirma, ist eine üble Verleumdung. Vermutlich hat er lediglich Haarprobleme und möchte nicht mit Uwe Seeler verwechselt werden.
Schleudersitz	Der Sitzplatz des Trainers am Spielfeldrand während des Spieles; ist von hinten und oben durch Plexiglas geschützt gegen Flaschenregen und Geschoßhagel, also gegen auf ihn geschleuderte Gegenstände. Wird die Situation jedoch zu brenzlig, so kann sich der Trainer wie aus einem Düsenjäger aus dem Stadion herauskatapultieren und landet bei ruhigem Flug direkt in der nächsten Vorstandssitzung.
Schnelligkeit	Gute Voraussetzung für einen Spieler, den Ball ins Netz des Gegners zu jagen. Merke die alte Fußballregel: „Je Schnellinger, desto Netzer!“
Schuster	Typisches Beispiel für den Fall, daß einer sagt, was alle denken, sich aber nicht trauen, es offen auszusprechen.
Schweiß	Modernes Eau de Toilette, eine Création, welche die männliche Note betont, das Parfum des Mannes von Welt, der sportlich-stark Kraft und Durchhaltevermögen ausstrahlt, jetzt in zwei Duftvarianten erhältlich: Eau de Breitnèr: kräftig, masculine, mit weiter Ausstrahlung. Eau de Schumacher: verhalten, zarte Männlichkeit andeutend, läßt Sport ahnen, aber nur sanften. (Nicht verwechseln mit „Schweiz“ – auch stark riechend, aber mehr ein Produkt vom Fuße der Alpen!).
Siegessäule	Große vergoldete Säule in München, trägt einen goldenen Engel auf der Spitze, der auf einem goldenen Fußball balanciert. Die Siegessäule wurde errichtet zum Gedenken an den Erfinder des Fußballsportes und vergoldet, als man entdeckte, wieviel sich damit verdienen läßt. Daß die regelmäßig

Schnelligkeit

fällige Neuvergoldung vom Finanzamt bezahlt wird, ist allerdings eine böswillige Unterstellung seitens der jeweiligen Vereinspräsidenten.

Sklavenhandel Altmodischer Ausdruck für „Spieler-Transfer“.

Sommerpause Von Anfang Mai bis Ende September wird kein Fußball gespielt – wegen der schlechten Witterung und den damit verbundenen Gefahren für den Sportler. Die Saison dauert von Oktober bis April, eine Zeit also, in welcher wegen des herrlichen Wetters die Zuschauer in die Stadien drängen und in unseren Breiten weder mit Schnee noch mit Kälte, geschweige denn mit rutschigem Boden oder Dauerregen gerechnet werden muß.
(Dies ist natürlich der reine Hohn: Tatsächlich ist im Sommer die Gefahr eines Blitzschlages auf dem Fußballplatz wirklich zu groß!)

Spielleitung Der Schiedsrichter und seine beiden Linienrichter leiten das Spiel.
Regel 11 für Schieds- und Linienrichter: Entweder der Schiedsrichter oder beide Linienrichter oder der Schiedsrichter mit einem Linienrichter zusammen müssen wenigstens bis elf zählen können.
Regel 12: Regel 11 gilt nicht in Ländern mit Duodezimalsysthem.

Spielregeln Fußball unterliegt, wie alle anderen Sportarten, strengen Regeln. Leider sind diese Regeln so kompliziert, daß es kaum einen lebenden Menschen gibt, der sie versteht, geschweige denn sich merken kann. Dies liegt einfach daran, daß sie von den Engländern erfunden wurden – einem Volk, das ohnehin nur sehr schwer zu verstehen ist. Wer sich klarmacht, daß in England das Gesetz vorschreibt, links zu fahren und rechts zu

Spielleitung

Der Schiedsrichter oder wenigstens einer der Linienrichter muß bis elf zählen können.

überholen, dem leuchtet auch ein, daß die von diesem Völkchen ersonnenen Fußballregeln unsinnig sein müssen. Manche Regeln sind geradezu chaotisch. Das Spiel heißt Fußball, also darf der Ball nur mit dem Fuß berührt werden, außer mit dem Kopf.

1. Ausnahme: Der Ball darf auch mit dem Oberkörper und dem Unterkörper berührt werden, letzteres empfiehlt sich aber nicht (aus anatomischen Gründen).

2. Ausnahme: Zwei Spieler dürfen den Ball auch mit der Hand berühren, aber nicht überall (den Ball schon überall, nur nicht überall auf dem Platz!)

3. Ausnahme: Wenn der Ball das Spielfeld verläßt, darf er nur mit den Händen wieder zurückbefördert werden, nicht mit dem Fuß.

3b. Ausnahme von der Ausnahme Nr. 3: Dies gilt nur, wenn der Ball den Platz an den Längsseiten verlassen hat; hat er den Platz an den Querseiten verlassen, dann darf er nur mit dem Fuß zurückbefördert werden.

3c. Ausnahme von Ausnahme Nr. 3b: Ist der Ball im Tor gelandet, so darf er mit Händen oder Füßen auf den Platz befördert werden, nimmt aber erst nach dem Pfiff des Schiedsrichters und nur von der Mitte des Fußballplatzes aus – keine Angst, diese ist gekennzeichnet – wieder am Spiel teil.

4. LANDET der Ball in den Ästen eines hohen Baumes, so ist er erst herunterzuholen, bevor er wieder ins Spiel gebracht werden darf.

Spieltrieb

Besonderes Problem der Trainer bezahlter Fußballmannschaften ist es, die Triebe ihrer Spieler so zu dämpfen, daß deren gesamte Kraft sich ausschließlich auf das nächste Match richtet. Geht die Triebdämpfung zu weit, kann es auf dem Spielfeld zu bedauerlichen Szenen kommen (siehe nebenstehendes Bild, welches bei einem Bundesligaspiel gegen Ende der Saison entstand!)

Spieltrieb

Sportstudio, aktuelles

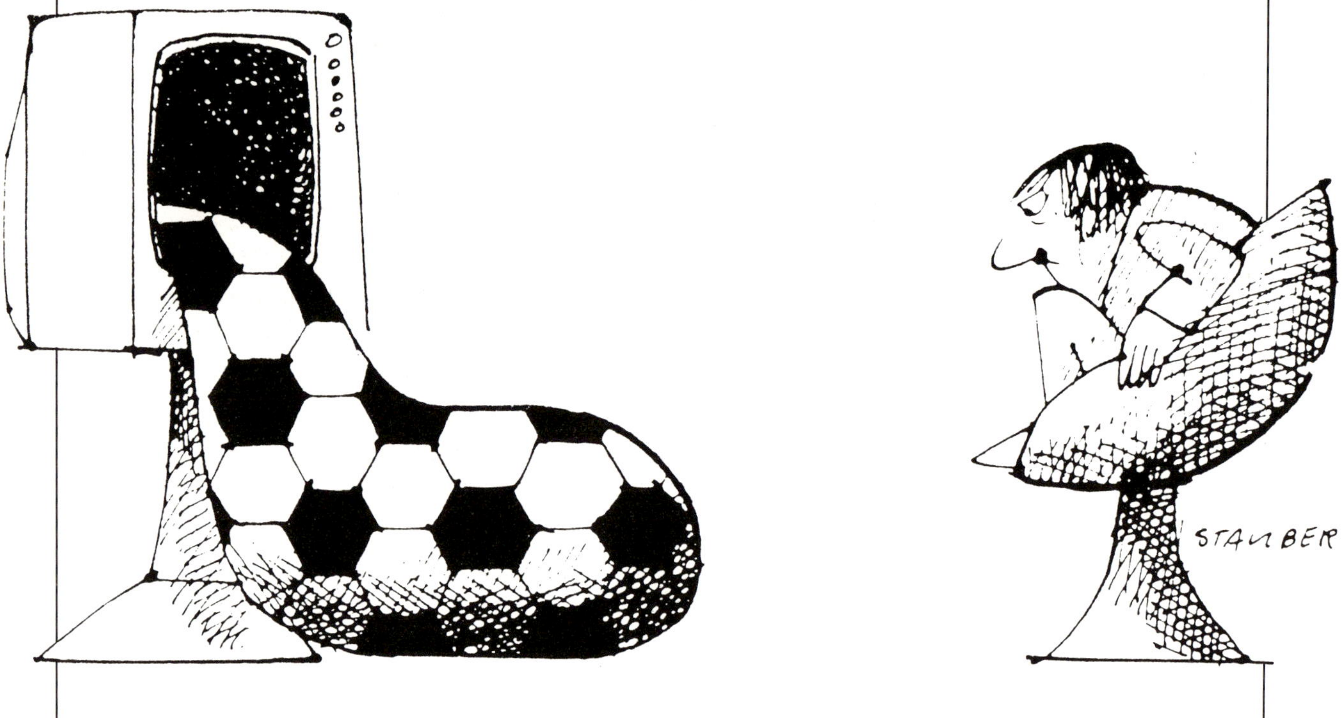

Spitzenspiel	Skatausdruck; Spitzenspiele gibt es beim Fußball schon längst nicht mehr.
Sportherz	Müssen die Ehefrauen von Berufssportlern haben, um die lange Abwesenheit ihrer Ehemänner und das Verkehrsverbot durch den Trainer zu überstehen.
Sportlerball	Versuch, die Freude des „Mixed-Doppels“ auch für andere Sportarten zugänglich zu machen, wobei hier der Höhepunkt erreicht wird, der Kampf Mann gegen Frau.
Sportstudio, aktuelles	Nachdem die meisten Fußballstadien immer so leer wirken, wenn nur tausend Zuschauer auf den Rängen für fünfzigtausend Platz nehmen, hat man das aktuelle Sportstudio eingeführt – die hundert Plätze können immer belegt werden. Außerdem findet dort Fußball „drinnen“ statt, in Anbetracht der Jahreszeiten, zu denen Fußball gespielt wird, ein sehr wirksamer Anreiz für alle die vielen Freunde des runden Leders.
Stadion	Aus dem Griechischen, bedeutet soviel wie Entwicklungsstufe, Ablaufphase. Der Ausdruck wird vor allem von Ärzten und Fußballern viel benutzt. So sprechen die Ärzte vom jeweiligen Stadion, in welchem sich die Krankheit gerade befindet – vom Frühstadion über die Krisis bis hin zum Genesungsstadion. Fußballer bleiben meist in einem sehr frühen Entwicklungsstadion hängen und eilen demzufolge jedes Wochenende ins Stadion, um dem gleichen Hobby ein Leben lang zu frönen. Die einzige positive Entwicklung während dieses Lebens besteht darin, daß sie mit ihrem Sport zunächst Geld verdienen, später dafür allerdings viel Geld ausgeben: Sie haben sich entwickelt. Das Stadion bleibt das gleiche.

Strafraum

„Wer nochmal während der Sportschau in diesen Strafraum tritt, erhält Fernsehverbot!“

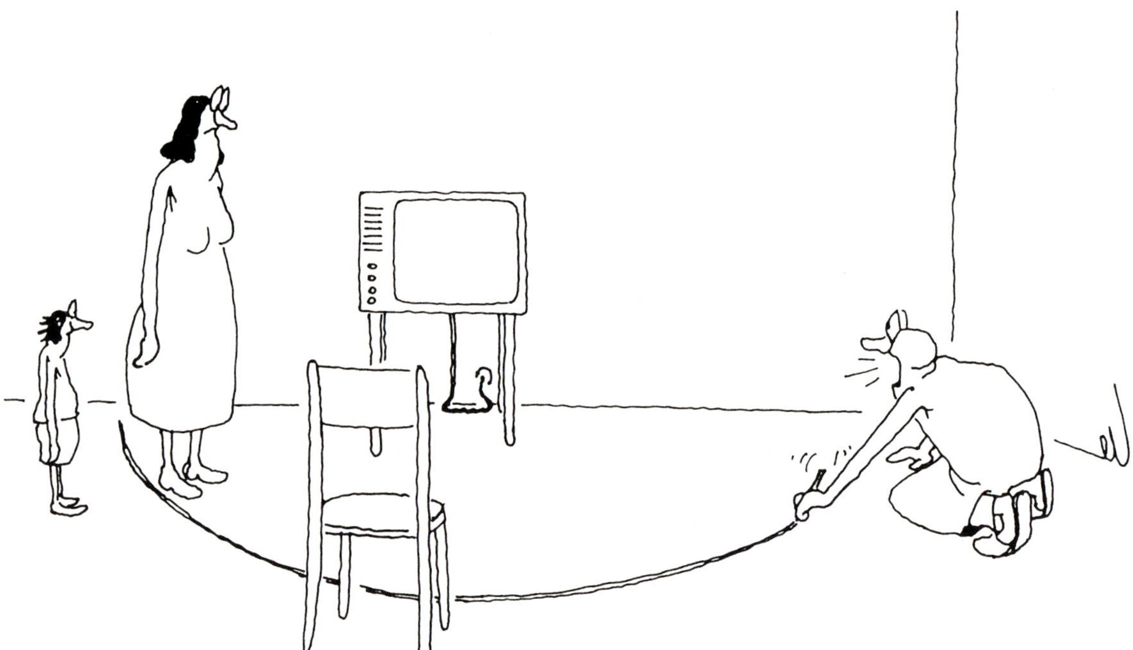

Stammspieler	Fußballer mit besonders kräftigen Beinen; einer der berühmtesten Stammspieler war Gerd Müller, wegen seiner baumstammstarken Oberschenkel.
Stollen	Eine Art massiver Spikes unter den Sohlen der Fußballschuhe, sollen das Ausrutschen bei Betreten des nassen Rasens oder der glitschigen Haut des gegnerischen Oberschenkels verhindern. Vor allem auf dem letzteren findet der Spieler guten Halt, wenn seine Metallstollen abgenutzt sind und nach allen Seiten Metallfetzen wegstehen. Dies soll zwar durch den Schiedsrichter vor dem Spielbeginn kontrolliert werden; der kluge Spieler aber entgeht dieser Kontrolle, indem er erst Sekunden vor dem Anpfiff einläuft. Für das Fußballspiel gilt: Gutes Schuhwerk erhöht die Sicherheit.
Stopper	Der für Eigentore zuständige Spieler einer Mannschaft. (Siehe auch unter „Rückgabe"!)
Strafraum	Vergitterter Raum am Rand des Fußballplatzes; im Strafraum müssen die Spieler sich aufhalten, welche vom Schiedsrichter bestraft und vom Platz gewiesen worden sind.
Strafstoß	1. Begeht ein Spieler während des Spiels ein Foul an einem anderen Spieler, so erhält er von ihm einen Strafstoß. a direkter St.: Mit dem Fuß in den Unterleib b indirekter St.: Mit dem Ellbogen in die Rippen. 2. Unmittelbar nach 1. bekommt der stoßende Spieler einen Strafstoß vom Schiedsrichter. a direkter St.: Vom Schiedsrichter selber. b indirekter St.: Von einem der Linienrichter. 3. Anschließend erhält der Ball einen Strafstoß. a direkter St.: Der Ball wird über die Torlinie gestoßen. b indirekter St.: Der Ball wird über die Seitenlinie gestoßen.

(Aus den Spielregeln der FIFA)
Unser Tip: Der gute Spieler schützt sich am besten gegen Strafstöße durch versteckte Fouls.

Stürmer

1. Ein Spieler, der den Paß nicht kriegt, aus zwei Meter Entfernung am leeren Tor vorbeischießt und im günstigsten Fall durch sein hervorragendes schauspielerisches Talent einen Elfmeter schindet. Kluge Vereine schicken ihre Stürmer daher anstatt zum normalen Training eine oder zwei Saisonen auf eine Schauspielerschule. Die mangelnden Erfolge der Stürmer, was den Torerfolg anbetrifft, haben zur Einführung der Vorwärtsverteidiger geführt.
2. Fußball-Zeitung aus den Jahren 1933–1945.
3. Neben dem Torwart der einzige Spielertyp, der Schuld trägt, wenn ein Spiel verlorengeht. Torwart und Stürmer befinden sich in einem ständigen Wettbewerb und nur sie entscheiden über den Ausgang eines Spiels: Gelingt es dem Stürmer, mehr Tore zu schießen, als der Torwart in seinen Kasten läßt, gewinnt die Mannschaft, anders herum ist es genau umgekehrt.

Szymaniak

Toller Fußballer, stand neben Pasternak, Dostojewski und Güldenstern in der deutschen Fußballnationalmannschaft von 1954, damals, Sie wissen vielleicht noch, als Nationalismus und Rassendiskriminierung in Deutschland verboten und daher untersagt waren. Heute haben unsere Helden endlich wieder brave deutsche Namen! Achtung: Vermeiden Sie bitte gegenwärtig jede Kritik an dem Vornamen „Boris“, Denkmäler soll man nicht anpinkeln, das ist strafbar!

T

Tagesform

Form, welche der Sportler am Wettkampftag anzunehmen hat; wird ihm vom Trainer mitgeteilt.

Tagesform

„Es wird Zeit, daß die Saison aufhört, Herr Präsident!“

Tor

Sehr bewährt haben sich je nach Sportart die folgenden Formen:

Schwimmer	Delphin
Skifahrer	Ei
Hochspringer	Grashüpfer
Segler	Windhose
Segelflieger	Feder
Fußballer	Top

Telefon

Schiedsrichter sind sehr gefragte Leute. Daher kommt es auch, daß sie während des Spiels von den Zuschauern immer wieder ans Telefon gerufen werden – meist ist allerdings nur die Ehefrau am Apparat, die sich nach ihrem Lieben erkundigen will, weil sie das Spiel am Telefon verfolgt und auch nicht weiß, was der Pfiff eben wieder sollte.

Tor

An seinen beiden Enden verjüngt sich das Fußballfeld zum Tor. In dieses zu treffen ist das höchste und erhabenste Ziel eines jeden Fußballers. Trifft ein Spieler ins gegnerische Tor, so reißt er sofort beide Arme in die Luft und rast einmal um den ganzen Platz; das nennt man eine Platzrunde. Anschließend werfen sich seine Mitspieler auf ihn und bilden einen Haufen. Bei sogenannten „wichtigen“ Toren machen die Spieler einen großen Haufen.
Trifft ein Spieler ins eigene Tor, heißt das „Eigentor“. Diese sind bei Spielern und Trainern weniger beliebt als beim Gegner.
Vor dem Tor steht der Torwart. Er soll Tore verhindern. Da die Zuschauer aber Tore sehen wollen, ist er eigentlich ihr natürlicher Feind. Tatsächlich wird er aber von ihnen sehr bewundert. Torwärter heißen traditionell Theodor. Wenn nicht, dann heißen sie Toni (zum Beispiel Schumacher oder Turek) oder Sepp (zum Beispiel Maier). Tragen sie einen anderen Namen, so haben sie in Deutschland kaum eine

Chance, in die Nationalmannschaft zu kommen. Die deutsche Fußballgeschichte hat gezeigt, daß ein Torwart namens Norbert besonders geringe Chancen hat, international zu werden, da kann er so gut sein wie er will. Damit der Torwart nicht von wütenden Zuschauern von hinten angegriffen wird, schützt ihn ein Netz (siehe unter „Tor"!).

Torhüter	Oft das Herzstück einer Fußballmannschaft. Der Torwart unterscheidet sich vor allem dadurch von den übrigen Spielern, daß ausschließlich er den Ball mit den Händen anfassen darf. Obwohl es für viele Mannschaften immer wieder problematisch ist, einen guten Torhüter zu finden, findet mein Vorschlag, hiermit doch die bewährte Wach & Schließ-Gesellschaft zu beauftragen, keine Zustimmung. Dabei ist das doch so einfach: Die Wachleute von der „Wach & Schließ" tragen einen Revolver, und schließlich hat sich ein solcher immer noch als beste Verteidigungswaffe erwiesen. (Die Ersatzspieler werden's ihrer Vereinsleitung danken, schließlich haben sie viel größere Chancen dadurch, (zu Spielen und zur Prämie zu kommen.)
Torschußpanik	Die Angst des Torwarts, einen rein zu kriegen (im Gegensatz zur Torschlußpanik, wo es genau umgekehrt läuft).
Torwandschießen	Beliebtes Spiel beim aktuellen Sportstudio im Fernsehen; soll die Schußfertigkeit der großen Fußballstars demonstrieren. Es dürfen aber auch die Größen der anderen Sportarten zutreten, wobei der Ball dann allerdings gelegentlich an ungewohnten Plätzen landet. Seit der Verkabelung besteht die Gefahr, daß der Ball genau im Objektiv der Kamera landet und, wenn er fest genug getreten wurde, durch das Kabel in die Wohnung eines Zuschauers trifft, wo er mittlere Schäden anrichten kann. Wahrscheinlich wird dieses beliebte Geschicklichkeitsspiel daher wohl verboten werden müssen.

Torwand-Schießen

„Hier traf Becker leider in die Kamera."

Trainer, auswärtiger
„Ükrü pü türzü tü makakü
ölpö Kzökrükür bum-bum Tor!“

Toto
Fußballergebnisse richten sich nicht etwa nach der Stärke der einzelnen Mannschaften, sondern nach den bei den Wettstellen eingelaufenen Tipscheinen; diese werden in der Nacht vom Freitag auf den Samstag per Computer ausgewertet und die erwünschten Spielergebnisse seitens der Totozentrale per Einschreiben den einzelnen Vereinen mitgeteilt.

Trainer, auswärtiger
Die immer wieder auftauchenden Probleme zwischen Mannschaft und Trainer werden leicht dadurch vermieden, daß ein ausländischer Trainer angestellt wird, welcher die Landessprache nur unvollkommen beherrscht, so Jugoslawen in Deutschland, Bayern in Preußen und Deutsche in der Türkei. Da so jede Verständigung ausgeschlossen ist, kann es auch nicht zu diesen lästigen Streitereien kommen, welche den geordneten Trainingsablauf stören. Merke: Fußball wird mit den Beinen gespielt, nicht mit dem Kopf. Worte verwirren den Spieler bloß.
„Wiggerl Kögl konnte im Sonthofener Trainingslager Udo Lattek bisher nicht überzeugen. Udo: ‚Plötzlich denkt er beim Spielen'." (Zitat aus der Abendzeitung 20.7.85.)

Trainerbank
Wegen der absolut unsozialen Einrichtung der Einkommensteuer wurde für die ja sehr hochbezahlten Fußballtrainer eine eigene Trainerbank gegründet. Diese befand sich früher in der Schweiz; nachdem dieses Land jedoch seine Bankgesetze in unverständlicher Weise geradezu kommunistisch umgestaltete, teilen sich heute die Länder Österreich und Monaco in die wichtigsten Trainerbanken, wobei viele Trainer Österreich vorziehen, weil man dort keinen Wohnsitz braucht, um ein „Konto anonym" zu eröffnen.

Training
Verbreitete Methode, die gutbezahlten Fußballer auch an anderen Wochentagen als samstags in Anspruch zu nehmen, verhindert soziale Probleme und Aggressionen des wichtigsten Mannes im Stadion, des zahlenden Zuschauers.

Trainingslager Eine Art Klosterschule für Profifußballer: Dort findet Sex, auch wenn's die eigene Ehefrau ist, Mißbrauch von Alkohol, natürlich außer Nährbier und Rauchen, nur unter Aufsicht des Trainers statt – mit anderen Worten: überhaupt nicht. Tatsächliches Fußballtraining spielt nur eine untergeordnete Rolle. Lediglich die Ersatzspieler können dort endlich einmal zeigen, daß sie für die Stamm-Mannschaft immer noch nicht geeignet sind.

Transfer-Liste Die Transfer-Liste des Deutschen Fußball-Bundes enthält die Namen und Kontonummern aller Fußballspieler, aus welchen sich Kapital schlagen läßt, gewissermaßen ein Mitteldding zwischen einem Versandhauskatalog und der Börsenseite der Frankfurter Zeitung.

U

Überschuß Die begnadete Kunst, aus zwei Metern Entfernung über das leer stehende Tor zu schießen – gelingt nur wirklich perfekten Stürmern.

UEFA Wie UNICEF und UNESCO eine internationale Organisation, der viele Nationen angehören, von denen nur ein kleiner Teil den Unterhaltsbeitrag wirklich und regelmäßig bezahlt, weswegen auch bei der UEFA die lieben Deutschen immer wieder fleißig einspringen. Hat wie alle Unterorganisationen der UNO nur auf dem Papier wirklich was zu sagen, denn obwohl alle Mitglieder die Vereinbarung unterschrieben haben, kümmern sich die meisten einen Dreck darum und mauscheln ausschließlich in die eigene Tasche. Da auch Ostblockländer in der UEFA sind, beteiligt sich diese eifrig am kalten Krieg.

Transfer-Liste des Deutschen Fußball-Bundes

Unschuldslamm

Umschlag

1. Normaler: Beseitigung eines lästigen Gegners mit der Faust.
2. Feuchter: wenn der beseitigte Gegenspieler danach Nasenbluten bekommt.

Unschuldslamm

Jeder Spieler, der zum Schiedsrichter zitiert wird.

V

Vereinsarzt

Ein Arzt, der wegen seiner besonders schnellen Heilmethoden berühmt ist. Um bei einem großen Verein als Arzt angestellt zu werden, werden etwa die folgenden Heilzeiten geprüft:

Sehnenriß	10 Minuten
Muskelriß	5 Minuten
Knochenbruch	2 Tage
Meniskus	3 Tage
Blinddarm	5 Tage
Schädelbruch	bis zum Erwachen aus dem Koma

Vereisen

Früher konnte ein Spieler mit einem gebrochenen Unterschenkel nicht mehr weiter am Spielgeschehen teilnehmen. Eines Tages wurde jedoch von den Wissenschaftlern das Vereisen entwickelt. Dabei wird das gebrochene Bein so lange mit einer Kühlflüssigkeit besprüht, bis der gebrochene Knochen wieder fest zusammengefroren ist; so kann dann der Spieler fast schmerzfrei weiterspielen. (Vereisen zählt bisher noch zu den erlaubten Dopingmitteln, dank der guten Lobby der Firma Linde beim DFB)

Verletzungsgefahr

Nach Angaben der Sportärzte ist die Verletzungsgefahr beim Fußball besonders hoch, und man macht sich viele Gedanken

Volltreffer

darum, die Zahl der Verletzungen einzuschränken. Die Vorschläge reichen von Regeländerungen bis hin zu besonderer Panzerkleidung, wie zum Beispiel beim Eishockey. Der Sportberater unseres Verlages machte einen sehr einfachen und einleuchtenden Vorschlag, der jede Verletzungsgefahr weitgehend ausschließen würde: Man solle doch statt mit einem Ball mit 22 Bällen spielen lassen. Natürlich würden dann immer noch einige Verletzungen auftreten können, aber solche Menschen wird es immer wieder geben, die sich mitten auf dem Kuhdamm am hellichten Tage auf die eigene Hand treten. Vor derartiger Selbstverstümmelung kann man diese Typen nur schützen, indem man sie in Fesseln legt. Und die bringen es dann immer noch fertig, ihre eigene Zunge runterzuschlucken.

Vertrag

Kommt von vertragen; da sich Fußballer aber untereinander sehr selten vertragen, erhalten sie keinen Vertrag, sondern einen Kontrakt (kommt von kontrahieren, was sich zusammennehmen, zusammenreißen bedeutet).

Volltreffer

Nicht nur Schüsse ins Tor werden als Volltreffer bezeichnet. Gelingt es zum Beispiel, einen oder mehrere der wichtigsten gegnerischen Spieler mittels einer solchen Bombe vom restlichen Spielgeschehen auszuschließen, so kann das durchaus ebenfalls als Volltreffer bezeichnet werden. (Gleiches gilt für andere markante Ziele wie Schiedsrichter, gegnerische Trainer und UEFA-Beobachter).

Vorspiel

Dient im Fußballstadion dazu, die Zuschauer zu erregen und in die richtige Stimmung zu bringen.
Merke: Ein gekonntes Vorspiel ist die beste Voraussetzung für ein gelungenes Ereignis!
(Das gleiche gilt fürs tägliche Leben.)

Vorstopper

Der für Eigentore zuständige Spieler eines Teams, der allerdings nur dann ein solches schießen darf, wenn er von außerhalb des Strafraums aus schießt; im anderen Fall gilt das Tor als nicht geschossen (Regel 18 der internationalen Fußballspielregeln).

Vorwärtsverteidiger Wütender Ruf des Managers vom Spielfeldrand aus, wenn das Match entweder 0:8 oder 8:0 steht.

W

Weltmeisterschaft Moderne Art, in welcher Länder mit unterschiedlichen Systhemen sich gegenseitig beweisen, wie gut sie sind. Bei keiner anderen Gelegenheit steht ein Volk so geschlossen hinter ein paar Hanseln wie beim Nationalspiel. Wenn Reagan mit Gorbatschow spricht, sehen das vielleicht zehn Millionen im Fernsehen; Brasilien gegen England verfolgen hundert Millionen.

X

Xylophon Sicher, der Klang ist schön, aber zum Anheizen der eigenen Mannschaft sind Trompete, Fanfare und Hupe besser geeignet.

Y

Young Boys Eines der besten Schweizer Fußballteams, aber lassen Sie sich vom Namen nicht täuschen! Die heißen nur so, sind aber – und sehen auch so aus – wie alle Fußballmannschaften, 19 (Linksaußen) und 35 (Torwart).

Weltmeisterschaft
„Ihr haltet die Antenne ganz ruhig:
ich sag Euch schon, wie es steht!“

Z

Zeitverschiebung	Diese erkennt man vornehmlich daran, daß morgens um elf Uhr in der Firma sämtliche Mitarbeiter am Arbeitsplatz einschlafen, weil in der Nacht um drei wieder einmal ein spannendes Spiel um den Fußballtitel in Peru oder Singapur ausgetragen wurde.
Zielfoto	Sportliche Entscheidungen fallen heutzutage häufig so knapp aus, daß nur ein Zielfoto über den wirklichen Sieger entscheiden kann. Solche technischen Hilfsmittel werden auch beim Fußball, besonders beim Elfmeterschießen, immer stärker eingesetzt, um spätere Proteste zu vermeiden.
Zuschauerzahlen, sinkende	Alle Vereine klagen über sie; gemeint ist damit nicht die Größe der Zuschauer, sondern die Menge – zumindest auf den Tribünen. Über sinkende Zuschauerzahlen vor den Fernsehern wird bisher nicht geklagt. (Siehe auch „Sommerpause“!)

Nous vivons à une époque où une ignorance alarmante règne concernant les principes fondamentaux et vivants de la foi chrétienne. L'étude *Fondements* a été développée en réponse au besoin croissant des croyants, d'apprendre, d'aimer et de vivre pleinement les vérités éternelles des Écritures.

— Dr Kenneth Boa,
président de l'association Reflections Ministries

À une époque où les préceptes bibliques sont dévalorisés, Tom Holladay et Kay Warren ont rédigé ensemble une œuvre majeure, arrivée dans le royaume pour «un temps comme celui-ci». *Fondements* est un outil bien conçu, adapté à différents niveaux d'étude, ayant pour but d'équiper une nouvelle génération de croyants bien informés. Une théologie biblique, associée à une pertinence pratique.

— Howard G. Hendricks, professeur honoraire et
président du Séminaire Théologique de Dallas

Enfin! Un cours qui, de manière sensée, va ancrer les cœurs et les esprits dans le solide terrain de la Parole de Dieu, dans un monde complexe et rempli de défis. Ces études ont pour but d'aider les enseignants et les dirigeants à orienter les autres vers leur destinée et leur potentiel pour une vie fructueuse. Je le recommande chaleureusement!

— Dr Joseph Stowell,
président de l'Institut Biblique Moody

Cet excellent cursus proclame son message sur les toits. La vérité est fractionnée en petites sections qui peuvent être lues, notées et «digérées» une à une, ce qui la rend plus douce que le miel et plus dévorante qu'un feu pour ceux qui s'engagent à l'étudier. Jamais notre monde insensé n'a autant eu besoin d'un pareil support.

— Jill Briscoe, auteur

Tom Holladay et Kay Warren ont conçu une introduction engageante et accessible aux vérités fondamentales de la foi chrétienne. C'est un véritable cadeau, à la fois pour celui qui l'enseigne que pour ceux qui l'étudient.

— John Ortberg, pasteur enseignant,
Église Presbytérienne de Menlo Park

Combien il est rafraîchissant de trouver un livre de doctrine (sujet souvent poussiéreux) qui soit terre à terre, facile à comprendre, agrémenté d'excellentes illustrations et d'un humour à vous mettre en train! Voilà un livre qui rend l'étude de la doctrine très vivante.

— June Hunt, auteur

Je ne pourrais assez souligner la valeur de ce type de livre de référence. La croissance sans profondeur et l'édification sans fondement sont mères de l'illusion, du désappointement, et enfin de la défaite, voire de la destruction. Merci au Seigneur pour la clairvoyance et la perspicacité dont Tom Halladay et Kay Warren ont fait preuve en nous offrant *Fondements*.

— Jack Hayford,
auteur et orateur de renommée internationale

Tom Holladay et Kay Warren ont fait pour nous et nos Églises ce que nous devons tous faire: enraciner les gens dans les préceptes fondamentaux de la foi. Tout comme il est important, dans l'évangélisation, d'être en contact avec les besoins des gens, de même, il est tout aussi important, dans la formation de disciples, de saisir les vérités bibliques d'une manière fraîche et concrète. *Fondements* est la référence systématique, pratique et solide d'un point de vue doctrinal que nous attendions tous. Bon travail, Tom et Kay! Je recommande vivement cette étude.

— Chip Ingram, président et directeur exécutif de l'association Walk Thru the Bible [Voyager à travers la Bible].

Je remercie le Seigneur pour Tom Holladay et Kay Warren! Leur nouvelle étude, *Fondements*, est une ressource solide pour tous ceux qui veulent renforcer leur compréhension des principes chrétiens de base et construire leur vie sur le fondement de la vérité. Ces vingt-quatre sessions d'étude théologique systématique pour laïques ont été suivies par plus de 3'000 membres de l'Église de Saddleback, ainsi qu'un grand nombre d'autres Églises, et il est certain qu'elles ont changé à jamais la vie de beaucoup de personnes!

— Josh D. McDowell, auteur et orateur

Tom Holladay and Kay Warren nous ont transmis un outil éprouvé, répondant aux besoins les plus vitaux du monde d'aujourd'hui: *Fondements*. Cette étude s'adresse aux chrétiens à qui il manque une ossature de vérités bibliques. Dieu vous bénira, vous et votre Église, au travers de cette étude très pratique et personnelle de la Parole de Dieu.

— Avery Willis, vice-président général
du travail à l'étranger
de la mission International Mission Board

Enfin! Ce cours fournit le chaînon manquant à l'étude de la théologie en démontrant à chaque page que la théologie est l'étude de la vie. Kay Warren et Tom Holladay nous font une faveur en décodant le mot de passe de la théologie, la rendant ainsi accessible, attrayante et compréhensible pour chaque chrétien. Ils nous montrent comment nous pouvons découvrir Dieu, de manière pratique et terre à terre. Je le recommande vivement.

— Carolyn Custis James, conférencière de renommée
internationale de l'association
When Life and Beliefs Collide
[Lorsque la vie et les croyances entre en collision]

Tom et Kay ne se contentent pas de susciter des conversions. Ils s'engagent à faire de ces convertis des faiseurs de disciples, grâce à des vérités éprouvées par le temps et présentées de manière accessible.

— Hank Hanegraaff, animateur de l'émission
The Bible Answer Man
[La Bible répond à l'homme]

Fondements nous fournit une étude minutieuse des principales vérités de la foi chrétienne. À une époque où les chrétiens sont parfois confus quant à leurs croyances, ce cours les ancre solidement dans la vérité.

— Stephen Arterburn, fondateur et président de
New Life Ministries [Ministère vie nouvelle]

Tom Holladay est pasteur, chargé de l'enseignement à l'Église de Saddleback à Lake Forest, en Californie. Avec Kay Warren, il a conçu le cours *Fondements* pour enseigner les principes bibliques en profondeur à une congrégation dont la plupart des membres ne sont pas des habitués des bancs d'église. En plus de sa fonction de pasteur et de ses responsabilités d'enseignement lors des week-ends à Saddleback, Tom enseigne avec Rick Warren lors des conférences Purpose Driven® Church [Une Église motivée par l'essentiel] pour les dirigeants chrétiens du monde entier. Avec son épouse Chaundel, ils ont trois enfants.

Kay Warren est enseignante pour les rencontres Purpose Driven [Motivé par l'essentiel] et donne des conférences à travers le monde. En 1980, elle et son mari, Rick, ont démarré l'Église de Saddleback dans leur maison avec sept personnes. Depuis lors, l'Église a grandi jusqu'à devenir l'une des plus grandes des États-Unis et des plus influentes dans le monde. Mère de trois enfants, Kay enseigne sur la Bible et défend la cause des femmes et des enfants affectés par le virus VIH/SIDA.